Sabine Langenbach

24 Begegnungen
zum Staunen im Advent

NEUFELD VERLAG

Vorwort

Ich liebe Adventskalender – schon seit ich denken kann!

Vielleicht bin ich ja auch „erblich vorbelastet". Als Kind fand ich es, sagen wir mal: „sehr interessant", dass mein Opa und meine Oma immer einen Adventskalender hatten. In meinen Augen waren sie dafür viel zu alt! Mit kindlicher Freude öffnete mein Opa die Adventskalendertürchen. Das gehörte für ihn und Oma genauso in die Wochen vor Weihnachten wie die „Schummerstündchen". Dann wurden Kerzen angezündet, besondere Lebkuchen aus Nürnberg gegessen und manchmal wurde auch eine Geschichte vorgelesen. Es war ein Highlight für meine Schwester und mich, wenn wir dabei sein konnten!

Ganz so jung bin ich auch nicht mehr. Jetzt steht für mich fest: Advent ohne Kalender – das geht gar nicht! Aber ich muss zugeben: Ich bin wählerisch. Die Adventskalender, die nur mit kleinen Schokoladenstückchen gefüllt sind, mag ich nicht. Spätestens nach einer Woche landen die

Täfelchen in einer Dose. Irgendwann gibt es davon Schokoladenkuchen. Ich mag Abwechslung hinter den Türchen: Trüffel, Marzipan, Nougat. Jeden Tag etwas anderes. So eine Mischung versüßt mir das Warten auf Weihnachten am besten.

Deshalb finden Sie auch in diesem Adventskalenderbüchlein Geschichten und Berichte, in denen es mal um die schönen, hoffnungsvollen Momente geht und mal um herausfordernde oder nachdenkliche. Eine gesunde Mixtur von allem gibt dem Leben erst Tiefgang. Das ist zumindest meine Erfahrung und davon handeln meine persönlichen Geschichten. Begegnungen sind dabei der „rote Faden".

Als Journalistin und Moderatorin begegne ich vielen Menschen, bekannten und weniger bekannten. Einige haben mir ihre besonderen Advents- und Weihnachts-Erlebnisse erzählt.

Bis zum Heiligabend erwarten Sie also 24 Begegnungen zum Staunen. Es ist eine Mischung, wie ich Adventskalender liebe. Und dieser ist sogar kalorienfrei. Mit Mehrwert statt Nährwert!

Genussvolle, tiefgehende, stressfreie, ermutigende Momente beim Lesen wünscht Ihnen

Sabine Langenbach

Inhalt

1. Dezember

Der etwas andere Adventskalender

Begegnungen – mit Menschen ins Gespräch kommen, das liebe ich an meiner Arbeit als Journalistin und Referentin. Nach einem Programm zum Thema „Glück“ kam Kerstin auf mich zu. Fröhlich und lebensbejahend stand sie vor mir und erzählte von ihren persönlichen Glücksmomenten und aus ihrem Leben. Mir fiel auf, dass sie eigentlich genügend Gründe zum Klagen gehabt hätte: Eine schwere Krebserkrankung lag hinter ihr und die andauernde Arbeitslosigkeit war auch alles andere als erfreulich. Trotzdem hatte sie sich nicht unterkriegen lassen! Nach und nach wurde mir klar, warum sie nie den Blick auf das Gute in ihrem Leben verloren hatte: In allem Schweren hatte sie das Vertrauen auf Gott und das Dankbarsein nicht verlernt. Ganz deutlich wurde mir das, als sie mir von ihrem „Anderen Adventskalender“ berichtete.

Ihre Mutter hatte ihr vor Jahren einen selbstgestickten Adventskalender mit vielen kleinen Leinensäckchen geschenkt. Den hatte sie in Ehren verwahrt. Das Aufhängen war für sie ein Ritual am Anfang des Advents geworden. Als Single hatte sie ihn Jahr für Jahr selbst befüllt. Dann passierte es: Sie vergaß, rechtzeitig vor dem 1. Dezember Süßigkeiten dafür zu besorgen. Auf die Schnelle füllen, das kam für sie überhaupt nicht in Frage. Aus alter Tradition wollte sie den Kalender trotzdem aufhängen. Aber ohne Inhalt? Da kam ihr eine Idee: Warum sollte der Adventskalender sich nicht mal bis Weihnachten füllen, anstatt leerer zu werden? Nichts Süßes wollte Kerstin in die Säckchen legen, sondern Zettel, auf denen sie notieren würde, wofür sie am jeweiligen Tag im Advent dankbar war. Als ich sie traf, erinnerte sie sich freudestrahlend an diesen ersten „Anderen Adventskalender" zurück: „So hatte ich am Heiligen Abend 24 mehr oder weniger ausführliche Dankesbriefe vorliegen an unseren Herrn Jesus Christus, der als kleines Kind in der Heiligen Nacht in unsere Welt kam."

Seitdem ist dieser besondere Adventskalender ihr Begleiter in den Wochen vor Weihnachten. Für mich ist diese Begegnung mit Kerstin noch heute eine wertvolle Lektion in Sachen „Dankbarkeit" – mitten im Alltag!

2. Dezember

Kaffeemaschine und Postbote

Vor Weihnachten herrscht im Briefzentrum Hochbetrieb!“ Die Schlagzeile erstaunt mich keineswegs. Ist doch jedes Jahr so! Ich freue mich ja auch über Weihnachtspost und hänge in meiner Küche alle Karten und Briefe an einer Leine auf. So habe ich jeden Tag Freude daran. Manchmal denke ich: „Der arme Postbote, der muss das alles schleppen!“ Wir wohnen nämlich an einem recht steilen Berg. Gestern musste unser Postbote wirklich schleppen. Außer Briefen und Karten hatte er auch noch ein Paket dabei. Während ich den Erhalt quittierte, fragte er neugierig mit Blick auf die Kiste: „Ist da auch drin, was drauf steht?“ „Ja“, sagte ich, „da ist wirklich eine Kapselkaffeemaschine drin. Wir haben sie eingeschickt, weil sie kaputt war. Ich hoffe, sie funktioniert jetzt!“

Daraus entwickelte sich ein Gespräch über die Zufriedenheit mit der Maschine (er hatte auch mal so eine) und dass die Kapseln nicht umweltfreundlich seien – und schon waren wir beim Thema Umweltverschmutzung und Klimawandel. Besorgt bemerkte ich: „Wir haben doch nur diese Welt!“, und schaute plötzlich in ein erstauntes Postbotengesicht. „Gerade von Ihnen hätte ich da aber etwas anderes erwartet!“, hörte ich ihn sagen. Wie meinte er das? Schnell fiel bei mir der Groschen: Ich hatte von der Erde als Planeten gesprochen, den Gott uns zum Bewahren gegeben hat. Er dachte, dass ich damit ausdrücken wollte, dass nach dem Leben hier alles vorbei ist. Er wusste, dass ich Christin bin. Meine Post verriet ja einiges! Deshalb war er irritiert.

Schnell klärte ich das Missverständnis auf. Ich machte deutlich, dass ich davon überzeugt war, dass das Leben hier nur ein Vorspiel für das sei, was uns im Himmel, in der Ewigkeit bei Gott, erwarte. Wie das genau sein werde, wisse jetzt noch keiner. Aber ein paar Informationen gäbe die Bibel schon preis: Wolf und Lamm werden beieinander liegen (Jesaja 65,25), es wird keine Angst und keine Tränen mehr geben (Offenbarung 21,4) und echter Frieden wird dort sein (Jesaja 66,12). So wie die Engel es den Hirten auf dem Feld von Bethlehem versprochen hatten, als Jesus geboren wurde (Lukas 2,14).

Das wusste mein Postbote auch alles. Aber er hatte seine Zweifel. Gerade als wir darüber reden wollten, hupte es. Das Postauto stand im Weg. War ja auch nicht geplant, dass sich ein Gespräch entwickeln würde, bei dem wir von der Kapselkaffeemaschine zum ewigen Leben kommen würden!

3. Dezember

„... damit du klug wirst!"

Ich habe den Begriff ‚Stress' aus meinem Wortschatz gestrichen!" David Kadel sagt das so, dass ich spüre, dass das nicht nur ein schlauer (Coaching-)Spruch ist. „Das ist ein ganz schlimmes Kulturspektakel, dass die Leute sich Stress machen, obwohl Advent genau das Gegenteil sein soll: runterkommen und sich die Frage stellen: Was hat Jesus in der Krippe mit mir zu tun?"

Diese Frage hat der Kabarettist, Autor und Coach vor 25 Jahren für sich beantwortet. „Advent heißt ja ‚Ankunft'. Jesus ist damals auch wirklich in meinem Leben angekommen! Das ist für mich das schönste Geschehen meines Lebens! Das kann von nichts anderem überdeckt werden!" Das sagt er ganz bewusst, denn im Advent, der mit so vielen positiven Gefühlen und Gedanken erfüllt ist, musste er von seiner Mutter Abschied nehmen.

„Am 3. Dezember 2015 saß ich am Sterbebett meiner Mutter, habe ihre Hand gehalten und ihr Lieder vorgesungen, Verse vorgelesen, mit ihr gebetet, sie gehalten und begleitet, bis sie starb. Ich war todtraurig. Ich hatte eigentlich gedacht, so etwas macht einen schwach und müde, aber es hat mich total stark gemacht! Ich bin fast schon beflügelt nach Hause gefahren. Ich musste zwar Abschied von meiner Mutter nehmen, aber ich darf weiterleben! Das ist ein Privileg! Mir ging damals durch den Kopf: Irgendwann liegst du auch da, dann wird man sich von dir verabschieden. Nutze die Zeit! Wie es in der Bibel in Psalm 90 steht: *Mensch, denke darüber nach, dass du sterben musst, damit du klug wirst!* Das werde ich jetzt immer mit Advent verbinden."

David Kadel bezeichnet sich als „realistischen Menschen". Deshalb hat nach dem Tod seiner Mutter beides Platz im Advent: das traurige Erinnern an die letzte Wegstrecke mit ihr und das Genießen und Freuen an den schönen Seiten dieser Wochen, zum Beispiel den Gang über den Weihnachtsmarkt, das leckere Essen, gemütliche Zeiten mit Freunden verbringen und ihnen Geschenke machen.

Dass der Abschied von seiner Mutter gerade in die Adventszeit fiel, ist für den 49-Jährigen mehr Trost als Last. „Jesus ist doch auf die Erde gekommen, um zu retten. Das ist die Botschaft von Weihnachten, dass es eine lebendige Hoffnung gibt! Jesus sagt: ‚Das Leben hier ist nur ein Vorspiel. Das echte Leben kommt noch!'"

4. Dezember

Zuhause

Die Landschaft glitt lautlos an ihm vorüber. Hier und da konnte er die Lichterbögen in den Fenstern erahnen. Er konzentrierte sich wieder auf die Autobahn. Im Radio dudelte „Driving home for Christmas". Er schaute kurz auf das Navigationsgerät und dachte: „Weihnachten nach Hause fahren ... wie passend!" Aber fuhr er wirklich „nach Hause"?

Seine Eltern lebten in dieser Stadt und er war hier aufgewachsen. „Wie viele Jahre war ich schon nicht mehr hier?", ging es ihm durch den Kopf. Erst hatte das Studium all seine Zeit in Anspruch genommen, danach der Traumjob mit vielen Überstunden. Besuche bei den Eltern waren da nicht drin. Anfänglich hatte er regelmäßig angerufen. Bis der stressige Alltag ihn auch das vergessen ließ. Dann herrschte Funkstille zwischen ihm und „zu Hause". Bis vor ein paar Tagen. Da klingelte sein Handy. „Unbekannte Nummer", zeigte das Display an. Gegen seine Gewohnheit nahm er das Gespräch an. Es war sein Vater! Da hatte es ihm, dem redegewandten Manager, fast die Sprache verschlagen. Auf einmal wurde ihm angst und bange, was er jetzt zu hören bekommen würde! Ob seiner Mutter etwas zugestoßen war?

Wie durch Watte hörte er seinen Vater sagen: „Holger, deine Mutter und ich haben gerade die

Kerze am Adventskranz angezündet, dabei haben wir an die alten Zeiten gedacht, als du noch zu Hause warst. Wir haben gemerkt, wie sehr wir dich vermissen. Das wollten wir dir lieber sofort sagen, sonst trauen wir uns das nicht mehr!"

Das hatte er nicht erwartet. Keine Vorwürfe, keine Klagen. Einfach Sehnsucht – und Liebe! Das Eis war gebrochen und sie telefonierten fast eine Stunde lang. Dann kam Holger eine Idee: „Was haltet ihr davon, wenn ich euch vor Weihnachten besuche?" Sein Vater brummte zufrieden, seine Mutter, die die ganze Zeit mitgehört hatte, brach in Jubel aus.

Nun saß er also im Auto auf dem Weg zu den beiden. In der Tasche hatte er ein kleines Geschenk für sie, einen eingerahmten Spruch: „Nach Hause kommen, das ist es, was das Kind von Bethlehem allen schenken will, die weinen, wachen und wandern auf dieser Erde."

An diesen Satz von Friedrich von Bodelschwingh musste Holger jetzt wieder denken. „Passt!", brummte er vor sich hin. Da fuhr er auch schon in die Straße, in der seine Eltern wohnten. Seine Bedenken waren verschwunden. Gleich war er – zu Hause!

5. Dezember

Adventskind

Da liegt es, das Kindlein, auf Heu und auf Stroh!" Schon oft habe ich diese Strophe von „Ihr Kinderlein, kommet" gesungen. Am 5. Dezember 1996 bekamen die Worte eine ganz neue Bedeutung, als unser Sohn Niklas geboren wurde. Genauso klein, zart und hilflos wie er, war Gottes Sohn auf die Welt gekommen! Das konnte ich kaum glauben.

Allerdings unterschieden sich die Umstände der Geburten haushoch: Ich durfte im schönsten, modernsten Kreißsaal des Krankenhauses liegen, mit Wohlfühl-Liege, leiser Musik und Aroma-Lämpchen. Maria dagegen brachte ihr erstes Kind in einem Stall auf die Welt: auf piksendem, dreckigen Stroh, mit lärmenden Tieren und Jauche-Geruch. Was für ein Kontrast!

Wenn Niklas in seinem Bettchen lag und friedlich schlief, dachte ich oft an den kleinen Jesus in der Krippe und an Maria. Was ihr wohl durch den Kopf gegangen ist, als sie, fast noch ein Teenager, ihren ersten Sohn betrachtete? Sie hatte die Zusage von Gott bekommen, dass sie den Messias zur Welt bringen würde. Daran hatte sie sich während der ganzen Zeit der Schwangerschaft festgehalten. Ob sie mit diesem Start gerechnet hatte? Oder war ihr das ganz egal, weil die Erleichterung, die Geburt hinter sich zu haben, und die Freude über das Kind so groß waren, dass alles andere in den

Hintergrund treten musste? Maria war eine ganz normale Frau. Deshalb wird sie gefühlt haben wie alle Frauen in dieser Situation: Die Liebe zu ihrem Baby war für sie wichtiger als der zugige Stall, das stinkende Stroh und die summenden Fliegen.

Wenn ich damals Niklas in der Nacht stillte, wanderten meine Gedanken oft zu der Frage, warum Gott das überhaupt so eingefädelt hatte mit der Geburt von Jesus. Das war doch alles ziemlich verrückt. Genau: Gott war und ist verrückt vor Liebe! Ich musste an die Verse im Johannes-Evangelium denken: „Denn also hat Gott die Welt geliebt, dass er seinen eingeborenen Sohn gab, damit alle, die an ihn glauben, nicht verloren werden, sondern das ewige Leben haben" (Johannes 3,16).

Wie bombastisch groß musste Gottes Liebe gewesen sein, dass er seinen Sohn als hilfloses Baby in die harte, raue, unfreundliche Welt schickte! Ich hätte meinen Sohn damals für nichts in der Welt hergegeben (und heute natürlich auch nicht)! Aber Gott hat es getan.

Unser Sohn ist mittlerweile ein junger Mann. Viele Erinnerungen von den ersten Monaten sind verblasst. Aber beim Singen von „Ihr Kinderlein, kommet" habe ich die Baby-Bilder von Niklas wieder vor Augen. Ich bin unendlich dankbar, dass Gott sich so klein gemacht hat. Aus purer Liebe zu mir!

6. Dezember

Mein Nikolaus-Wunder

Knapp 120 Kilometer und ein schönes Wochenende lagen vor mir an diesem Freitagnachmittag am 6. Dezember. Das Wetter spielte mit: trocken und kalt. Beste Voraussetzungen für die Fahrt über die Autobahn.

Nach einer guten halben Stunde, am Anfang einer Talbrücke, hörte ich mit einem Mal ein seltsames Geräusch. Als ob Luft entweichen würde. Der Tacho zeigte 100 Stundenkilometer. Plötzlich ein Ruck in der Lenkung, der Wagen zog nach rechts. Ich lenkte dagegen, drosselte die Geschwindigkeit. Ein Scheppern, ein Knirschen. Das Auto wurde langsamer und kam schließlich auf dem Standstreifen zum Stehen. Ich saß einen Moment wie gelähmt hinter dem Lenkrad. Wie automatisch schaltete ich die Warnblinkanlage an. „Was war denn das jetzt?"

Vorsichtig stieg ich aus und ging um mein Auto herum. Da sah ich die Bescherung: Der rechte Vorderreifen war geplatzt. „Oh nein! Ich kann doch kein Rad wechseln. Was soll ich nur machen? Lieber Gott, bitte hilf mir!" Ich war den Tränen nahe. Schnell suchte ich das Warndreieck und stellte es auf. Dann sah ich mich um. Ich war an einer Lärmschutzwand zum Stehen gekommen. Direkt neben mir war eine Tür! Auf einmal hatte ich wieder Mut. Ich stieg die Treppen hinunter und stand auf einem Fabrikgelände. Dort fand ich zwei Arbeiter. Kurz erklärte ich ihnen meine Lage. Ohne zu zögern, schnappten sie sich Werkzeuge und gingen mit mir die Treppe hinauf. Innerhalb von Minuten hatten sie den Reifen gewechselt. Ich bedankte mich herzlich und versicherte ihnen, dass sie meine rettenden Engel gewesen wären. Und das waren sie wirklich! Für die Männer war es nicht der Rede wert. Aber ich hätte nicht gewusst, was ich ohne sie gemacht hätte. Ich kam gut an meinem Ziel an und es wurde ein schönes Wochenende.

Erst viel später wurde mir bewusst, dass ich ein „Nikolaus-Wunder" erlebt hatte: Als der Reifen platzte, war die Autobahn leer – völlig ungewöhnlich für diese Tageszeit. Die Fahrbahn war trocken. Nässe oder gar Glätte wären fatal gewesen! Freitagnachmittags haben die meisten Firmen geschlossen. Nicht so die hinter der Lärmschutzwand.

Dieses Erlebnis liegt ein Vierteljahrhundert zurück. Heute würde man schnell mit dem Handy den Pannenservice rufen. Ein Handy oder gar Smartphone hatte ich damals noch nicht. Mein Hilferuf ist trotzdem an die richtige Stelle vorgedrungen. Gott selbst hat eingegriffen!

Unzählige Male bin ich seitdem über die Talbrücke gefahren. Seit diesem Nikolaustag ist hier meine persönliche „Gott-sei-Dank"-Stelle.

7. Dezember

Adventsgesicht

Rotlackierte Fingernägel auf weißem Laken. Früher gab es für sie keine Ruhepausen. Immer war etwas zu tun. Sogar abends vor dem Fernseher wurde gestrickt. Und nun: Zwangspause. Die Krebserkrankung hatte dafür gesorgt. Sie seufzte. Dieses Ans-Bett-gefesselt-Sein war gar nicht ihr Ding.

Wie froh war sie, dass sie mit ihrer Tochter mal über etwas Banales reden konnte. „Mama, welche Farbe soll ich für mein neues Auto nehmen: grün oder grau?“, hatte diese gestern gefragt. Sie hatte grün vorgeschlagen. Grün wie die Hoffnung – die es für sie, medizinisch gesehen, nicht mehr gab. Aber sie sah ihre Zukunft dennoch „grün“ – hoffnungsvoll. In den Gottesdiensten, die sie besucht hatte, war doch immer davon die Rede: Es gibt ein Leben nach dem Tod! Das Beste kommt noch! Für manchen in ihrer Familie waren das nur fromme Durchhalte-Parolen – für sie war es Gewissheit.

Ihr Blick fiel auf den Kalender: 7. Dezember. Wie viele schöne Erinnerungen verknüpfte sie mit den Wochen vor Weihnachten? Sie summte „Stille Nacht“ vor sich hin. Die Zeile „Christ, der Retter ist da“ hatte plötzlich eine ganz neue Bedeutung für sie. Noch siebzehn Tage bis Heiligabend.

Am nächsten Tag ging es ihr viel schlechter. Die Familie wurde zusammengerufen. Sie nahm all ihre Kraft zusammen und sagte, dass sie Weihnachten feiern wollte. Ein letztes Mal. Mit allen zusammen. Mit Gottesdienst und Bescherung. Jetzt – nicht erst am 24. Dezember.

Das kleine Hospiz-Zimmer verwandelte sich dank der Mitarbeiter in ein Weihnachtszimmer. Sie halfen ihr auch beim Anziehen, sodass sie im Rollstuhl in die kleine Kapelle zum Weihnachtsgottesdienst gebracht werden konnte. Dass erst der 9. Dezember war, störte niemanden. Sie freute sich, dass alle da waren: ihr tapferer Mann, die Kinder und Enkel, und dass der Pfarrer sagte, dass Christus für jeden ganz persönlicher Retter und Erlöser sein will. Bei „Stille Nacht“ konnte sie ihre Tränen nicht mehr zurückhalten. Es war eine Mischung aus Trauer, Dankbarkeit und Freude. Ihr Gesicht strahlte so sehr, dass man ihr die Krankheit für kurze Zeit nicht mehr ansah. Ihrer Tochter fiel die Veränderung auf: „Mama, du hast ein Adventsgesicht! So voller Vorfreude, Hoffnung und Zuversicht!“, sagte sie laut, dass alle es hören konnten.

Dieses „Adventsgesicht“ hatten alle ein paar Tage später vor Augen und im Herzen, als ihre rotlackierten Fingernägel endgültig zum Stillstand gekommen waren.

8. Dezember

Abgelehnt

Ich mag diese stille Zeit, weil sie uns bereit macht, auch das ‚nicht Stille' in unserem Leben zu meistern!" So wie Professor Paul M. Zulehner das sagt, nehme ich ihm sofort ab, dass Hektik für den Theologen und katholischen Priester keine Rolle spielt in den vier Wochen vor Weihnachten. Gelassen, konzentriert und mir zugewandt sitzt er da und trinkt seinen Grünen Tee. „Im Advent ist es für mich ruhiger. Da finden nicht so viele Vorträge statt. Ich habe einen Adventskranz und ich liebe es, wenn das Licht darauf zunimmt. Unglaublich gerne höre ich die alten Adventslieder wie ‚Es ist ein Ros entsprungen' und Musik von Bach."

Gerne denkt er an seine Kindheit im Oberen Mühlviertel in Oberösterreich zurück. Dort, nahe der tschechischen Grenze, gab es in der Adventszeit den Brauch der Herbergssuche. „Wir haben das Schicksal von Maria und Josef nachgespielt, die keine Unterkunft finden und überall anklopfen. Ich kann mich erinnern, dass wir beim Wirt angeklopft haben und der ganz grantig gesagt hat: ‚Kein Platz im Wirtshaus! Zieht woanders hin!' So haben wir die Weihnachtsgeschichte ganz persönlich erlebt."

Dieser alte Brauch hat für den 76-Jährigen eine ganz neue Aktualität bekommen. „Das alte Erbe öffnet uns die Augen, um mit den neuen Herausforderungen gut fertigzuwerden und umgehen zu können. Wir haben bei uns so viele Menschen, die buchstäblich auf Herbergssuche sind. Genau wie das junge Paar damals."

Paul M. Zulehner will das nicht hinnehmen. Er setzt sich für Flüchtlingsinitiativen in seiner Heimatstadt Wien ein. Es liegt ihm am Herzen, Menschen unterschiedlicher Kulturen miteinander bekannt zu machen, um Vorurteile und Ängste abzubauen. „Die Zeit der Migration beginnt gerade erst! Wenn der Krieg in Syrien vorbei ist, dann werden die Armen und Hoffnungsflüchtlinge aus Afrika kommen." Der Theologe ist sich sicher, dass Christen dabei nicht tatenlos zusehen können. In der Bibel findet er eine deutliche Anweisung. „Jesus hat ganz elementar gesagt, dass man Gott nicht lieben kann, wenn man den Nächsten nicht liebt. Das kann man in vier Wochen Advent gut in das eigene Herz einlassen und trainieren! Ich glaube, dass irgendwann die Welt erkennen muss: Wir sind ständig unterwegs und darauf angewiesen, einander Herberge zu geben."

Die Teetasse von Professor Zulehner ist mittlerweile leer. Ich bin beeindruckt von diesem Mann, der solch eine Entschlossenheit und gleichzeitig Ruhe ausstrahlt.

9. Dezember

Falschfahrer

Noch schnell etwas in der Stadt besorgen!“, und schon mache ich mich an diesem Adventsmorgen auf den Weg in die Stadt. Gedankenverloren gehe ich durch eine kleine Gasse, eine Einbahnstraße. Aber – Moment! Fährt da nicht gerade ein Auto in falscher Richtung mir entgegen? Tatsächlich! Ich winke, gestikuliere. Zeige auf das Einbahnstraßenschild. Der Fahrer reagiert prompt und fährt hinter mir in eine Einfahrt, um zu wenden.

„Gerade nochmal gut gegangen!“, sage ich zu mir selbst und gehe weiter. Aber da höre ich hinter mir lautes Rufen. Mein erster Gedanke: „Oh nein, der Falschfahrer ist sauer, dass ich ihn gemaßregelt habe!“ Ich drehe mich um. Der Unbekannte hat die Scheibe seines Kleinwagens heruntergelassen. Ich schaue in das Gesicht eines jungen Mannes, der vermutlich aus der Türkei stammt. Aber keine Spur von Ärger entdecke ich. Im Gegenteil: Freundlich und erleichtert schaut er mich an. „Danke!“, sagt er. Ich gebe ehrlich zu, dass ich schon befürchtet hatte, dass er mich wegen der Maßregelung beschimpfen würde. Er lacht: „Nein, ganz und gar nicht! Wir haben doch alle Verantwortung“, kommt es prompt. Dann reicht er mir die Hand und wünscht mir „Frohe Weihnachten!“.

Ich stutze: „Ich bin Christ und Sie sind bestimmt Muslim. Das finde ich toll, dass Sie mir frohe Weihnachten wünschen! Darf ich Ihnen denn noch ein kleines Büchlein über den Inhalt von Weihnachten schenken?“ Er lacht, nimmt das Heft und sagt: „Ja, klar! Wir sind doch alle Menschen!“ Wir verabschieden uns. Er fährt – in richtiger Richtung – die Straße weiter.

„Wir sind doch alle Menschen!“ Der Satz geht mir nicht mehr aus dem Kopf. Wenn das doch nur die hören würden, die sich um ihres Glaubens Willen bis aufs Blut bekämpfen!

„Wir sind doch alle Menschen!“ Das gilt auch, wenn andere an mir schuldig geworden sind. Ich mache doch auch Fehler.

„Wir sind doch alle Menschen!“ Sogar Jesus, das Kind in der Krippe, dessen Geburtstag wir an Weihnachten feiern! Deshalb ist ihm kein Gefühl, kein Gedanke, kein Schmerz fremd. Ich kann mir sicher sein, dass er mich in jeder Lebenslage versteht. Aber wie gut, dass Jesus nicht „nur“ Mensch war, sondern auch Gottes Sohn, der Retter der Welt. Am Karfreitag starb er für mich am Kreuz und ist an Ostern von den Toten zurückgekommen. Der Weg ist frei fürs ewige Leben.

„Wir sind doch alle Menschen!“ Danke, lieber Falschfahrer, für diese Mini-Predigt.

10. Dezember

Weihnachtsmenü

Filet mit Birnen, Pute, Gans oder nur Kartoffelsalat mit Würstchen? Was essen wir an den Weihnachtsfeiertagen?" Für viele eine ganz wichtige Frage, die langfristig geplant werden muss. Ich gebe es zu: Ich wälze nicht schon Wochen vor Heiligabend Rezeptbücher, um die ultimative Speisefolge zusammenzustellen. Aber ich bin schon etwas vorausschauender geworden. Zwei Wochen vor dem Fest überlege ich, was auf den Tisch kommt. Für mich „Spontan-Kocher" eine echte Verbesserung. Darauf bin ich ziemlich stolz ... gewesen. Ein Gespräch an der Supermarktkasse im Oktober hat alles relativiert.

Es war ein Samstagvormittag, wie üblich, war viel los. Schlange stehen an der Kasse inklusive. Endlich war ich dran. Plötzlich sagte die Kassiererin: „Ach, das Filet ist aber heute günstig, das hab' ich noch gar nicht gesehen!" „Ja, deshalb habe ich es auch mitgenommen. Das friere ich ein!", antwortete ich und wunderte mich, denn einen Kommentar zu meinem Einkauf hatte ich hier noch nie bekommen. „Das mache ich auch immer!", kam es von der Supermarktmitarbeiterin, „Haben Sie gesehen? Die Bohnen sind gerade so günstig! Gestern Abend habe ich beim Fernsehen schon mal welche in Speck gewickelt und eingefroren. Das gibt es an Heiligabend. Ist doch prima", strahlte sie mich an, „dann brauche ich mir darüber schon mal keine Gedanken mehr zu machen."

Ich musste mir ein Lachen verkneifen. Ich stellte mir nämlich vor, wie die Frau beim Freitagabend-Krimi die Bohnen mit Speck umwickelte, für das Weihnachtsmenü – im Oktober! Das war langfristiges Planen! Ich verabschiedete mich. Dahin war mein Stolz über meine zeitliche Planung für das Weihnachtsfeiertagsessen.

Aber ändern werde ich trotzdem nichts. Zum einen bin ich nun mal nicht der langfristige Planer, zum anderen ist mir die Menü-Folge an den Feiertagen dann doch nicht so wichtig, dass ich Monate vorher mit der Vorbereitung beginnen muss. Um die Geburt von Jesus Christus angemessen feiern zu können, brauche ich, genau genommen, weder Filet noch Würstchen im Magen – nur ein offenes Herz! Hier kann sich die Botschaft von Weihnachten ausbreiten und mein Leben verändern: Gott wird Mensch! Liebe ist Gottes „Weihnachts-Rettungs-Rezept" und das kann kein noch so ausgeklügeltes, raffiniertes 5-Sterne-Menü überbieten!

11. Dezember

Samba und Schnee

Du siehst einen Nikolaus in voller Montur und denkst: Der kriegt gleich einen Hitzschlag!" Lachend erinnert sich Elke Henniger an ihre Adventszeit in Brasilien. Mit ihrem Mann Thomas war sie dort für eine Missionsgesellschaft tätig. Im Dezember ist Hochsommer in dem südamerikanischen Land. „Deutsche Weihnachtslieder singen bei 29 Grad und Tropenregen! Das ist kaum auszuhalten!"

Aber das Klima war nicht das Einzige, woran sie sich gewöhnen musste. „Den Begriff ‚Vorfreude' gibt es im Portugiesischen nicht, das wird in der Adventszeit deutlich. Dieses freudige Warten auf Weihnachten, wie wir das in unserem Kulturkreis kennen, mit Adventskalender, besonderen Geschichten lesen, mit Freunden gemütlich beisammen sitzen und in den Gottesdiensten Bibeltexte lesen, die auf die Geburt Jesu hinweisen, das kennen die Brasilianer nicht. Ich habe das ‚Auf Weihnachten Zugehen' richtig vermisst!"

Für diese Erkenntnis musste Elke Henniger mehr als 9.000 Kilometer um den Erdball fliegen, denn in Deutschland war das für sie alles ganz selbstverständlich, nichts Besonderes mehr. Trotzdem war es eine gute Adventszeit. Die Begegnungen mit anderen Ausländern und Einheimischen haben ihr Denken verändert. Außerdem war es interessant, zu beobachten, was für die Brasilianer traditionell zu den Wochen vor Weihnachten dazugehört: „Es gibt künstliche Weihnachtsbäume, vor allem in den Geschäften. Wenn es gegen 19 Uhr dunkel ist, sieht man in Sao Paulo riesige Drahtbäume mit Lichterketten und bunten, leuchtenden Motiven und angestrahlte Geschäftshäuser. Es gibt auch Geschenke zu Weihnachten. Ganz besonders gern wird Panettone, eine Kuchenspezialität, verschenkt! Einmal haben wir beobachtet, wie ein Brasilianer mit zwei Panettone an der Hand an uns vorbeilief. Ein Straßenjunge kam auf ihn zu und bat um einen der Kuchen. Der Junge hat ihn tatsächlich bekommen. Das ist so typisch für die Menschen dort: Sie geben gerne ab. Das hat mir gefallen!"

Das Eintauchen in eine andere Kultur und Mentalität hat Elke Henniger herausgefordert, Advent und Weihnachten für sich selbst neu zu entdecken. Ihr Fazit: „Du besinnst dich darauf, dass Weihnachten nichts mit Wetter oder Klima zu tun hat!" Das werde ich im Kopf behalten, wenn Leute um mich herum wieder mal über das Wetter im Advent und an Weihnachten meckern.

12. Dezember

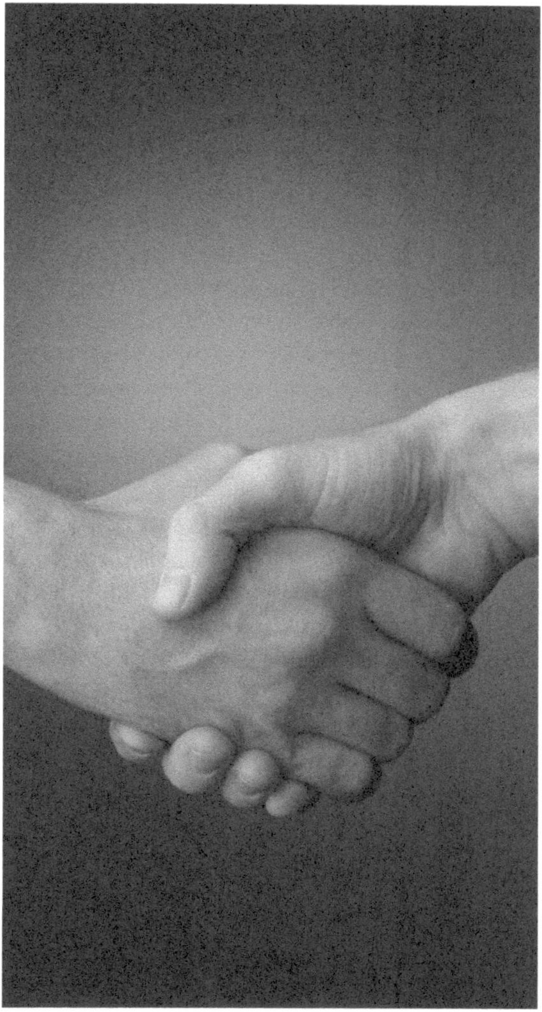

Alex

Mit Playmobil-Krippenfiguren und Bibel „bewaffnet“, schaute ich an diesem Montagmorgen im Advent in 30 erwartungsvolle Gesichter. Als Laienpredigerin hielt ich Gottesdienst im Altenheim. In der Predigt ging es um den Bibelvers aus dem Buch Jesaja: „Bereitet dem Herrn den Weg, ..., siehe, ..., er kommt gewaltig!“ (Jesaja 40,3 und 10). Die Spielzeug-Krippe sollte den Kontrast zeigen zwischen dem Weg, den Gott gewählt hat, um seinen Sohn auf die Erde zu schicken, und dem, was wir „gewaltig“ und angemessen gefunden hätten für die Ankunft des Herrn.

Am Ende des Advents-Gottesdienstes verabschiedete ich mich wie immer von jedem mit Handschlag und einem Spruchkärtchen. Wie viel Dankbarkeit und Wertschätzung wurde mir entgegengebracht! Dann wurde Alex in seinem mobilen Liegestuhl zu mir geschoben. Eigentlich war er für ein Altenheim viel zu jung. Aber eine Erbkrankheit ließ ihn immer schwächer werden, sodass er schon Jahre zuvor zum Pflegefall geworden war. Alex freute sich unbändig, wenn er am Gottesdienst teilnehmen konnte. Ich dachte, dass die Freude daher rührte, dass diese gute halbe Stunde eine willkommene Abwechslung im Heimalltag für ihn bedeutete. Wie ich mich getäuscht hatte!

Im Dezember letzten Jahres starb Alex mit nur 38 Jahren. Seine Verwandtschaft fragte mich, ob ich die Feier zur Feuerbestattung gestalten würde. Ich hatte so etwas noch nie gemacht. Würde ich das in angemessener Weise tun können? Ich hatte Alex' fröhliche Art gemocht, deshalb empfand ich es schließlich als Ehre, mich so von ihm verabschieden zu können. Ich sagte also zu und sammelte Informationen für die Ansprache. In Alex' Nachlass fand sich ein Foto, das ihn als erwachsenen Täufling zeigte. Darauf strahlte er genauso wie bei den Gottesdiensten im Altenheim. Mit einem Schlag wurde mir klar: Die gute halbe Stunde montags in der Kapelle war nicht nur ein netter Zeitvertreib für ihn, sondern viel mehr! Mein schlechtes Gewissen, weil ich Alex andere Motive unterstellt hatte, wich schnell der Dankbarkeit, dass ich diese Spur Gottes in seinem Leben entdeckt hatte. Die Trauerfeier für Alex wurde, trotz allem Traurigsein, zur Dankfeier. Ich konnte von der Hoffnung der Christen auf ein Leben nach dem Tod reden und darauf hinweisen, dass Alex daran geglaubt hatte!

In diesen Tagen werde ich wieder Advents-Gottesdienst im Altenheim feiern. Ich freue mich auf die Begegnungen mit diesen wertvollen Menschen!

13. Dezember

Mehr als ein „Geschenke-Fest"

Wir sehen zu, dass wir uns jede Woche im Advent einen Abend nehmen, an dem wir als Familie Essen gehen und dabei ein bisschen zur Ruhe kommen", erklärt mir Dieter Falk. Er wirkt nicht wie einer, der schon lange zur Spitze der deutschen Musikszene gehört und ziemlich viel Erfolg hatte: Fünf ECHO-Nominierungen für über 20 Millionen verkaufte CDs als Produzent zum Beispiel für PUR, Pe Werner und die deutsche Girlgroup Monrose. Sein Gesicht kennt die Fernsehwelt erst seit 2006. Da saß er in der Jury der Castingshow „Popstars". Noch heute sprechen ihn Fremde auf der Straße deshalb an. „Das liegt bestimmt an meiner auffälligen Brille!", sagt er bescheiden. Keine Spur von „Promi-Gehabe"!

Vielleicht liegt das daran, dass er aus dem bodenständigen Siegerland kommt. Dort begann seine Musiker-Karriere: Als Kind spielte er zunächst heimlich auf der Kirchenorgel. Die Liebe zu Tasteninstrumenten ist bis heute geblieben – auch die zur Kirchenmusik. Allerdings präsentiert er diese nicht „klassisch", sondern im typischen Falk-Stil: verjazzt, verpoppt und verrockt. Gerade in der Weihnachtszeit ist Dieter Falk viel unterwegs. Meistens zusammen mit seinen Söhnen Max und Paul als „Falk & sons".

Weihnachtsklassiker wie „Jauchzet, frohlocket“ und „Tochter Zion“ dürfen dann in ihrem Programm nicht fehlen. Das ist ihre Art, den Advent zu feiern. Denn für besinnliche Stunden zu Hause, wie er das aus seinem christlich geprägten Elternhaus kennt, bleibt keine Zeit. Das bedeutet nicht, dass ihm das Fest nicht mehr wichtig wäre: „Weihnachten ist für viele nur ein Fest, an dem man ein paar freie Tage hat. Aber es geht um mehr. Unsere ganze Kultur ist mit christlichen Werten belegt und unterfüttert. Das meine ich ganz positiv. Vieles, was in der Bibel steht und auch in der Weihnachtsgeschichte zum Tragen kommt, hat eine Relevanz für Politik, Kultur und Gesellschaft. Als aktiver Christ finde ich es wichtig, dass ich offen sage: Weihnachten ist nicht nur das ‚Geschenkefest‘, sondern es hat mit der Geburt Jesu Christi zu tun, und der hat die Gesellschaft nachhaltig verändert.“

Das wird an Heiligabend bei Falks gefeiert: mit leckerem Essen, das Hobbykoch Dieter zubereitet, einem guten Rotwein und „Ich steh an deiner Krippen hier“, dem Lieblingsweihnachtslied des erfolgreichen Produzenten – und Dominosteine zum Naschen dürfen bei Dieter Falk auch nicht fehlen.

14. Dezember

Violin
Banjo

Jauchzet, frohlocket

Jauchzet, frohlocket!“ Die Worte kommen etwas unverständlich über ihre Lippen, aber die Melodie stimmt! Jedes Jahr aufs Neue freut sich unsere Tochter Birte auf den Sonnenuntergang am Ewigkeitssonntag. Dann legen wir die Weihnachtsoratorium-CD auf und eröffnen damit die Adventszeit. Diese Tradition haben wir vor einiger Zeit von einem Freund übernommen.

„Jauchzet, frohlocket!“ Wenn das Lied erklingt, strahlt Birtes hübsches Gesicht vor Freude und Glück. Vor 18 Jahren ist sie ohne Augäpfel auf die Welt gekommen und sie hat auch noch einige andere Handicaps. Aber kommt es darauf an? Wir schauen lieber auf das, was sie schon geschafft hat, und dass sie weiter Fortschritte macht.

„Jauchzet, frohlocket!“ – das ist nicht nur ein Lied, das Birte gerne singt. Es passt zu ihr wie ein Lebensmotto. Sie hat eine ganz besondere Beziehung zu Gott. Er ist für sie Realität mitten im Alltag. Da wundert es nicht, dass ihre Lieblingssätze „Gott ist da!“ und „Gott hat dich lieb!“ ganz deutlich über ihre Lippen kommen, allen sonstigen sprachlichen Schwierigkeiten zum Trotz. Diese Sätze sagt sie immer im passenden Moment: Wenn ich traurig bin oder mich überfordert fühle, wenn ich mir Sorgen mache. Wie neulich, als sie auf dem Rückweg von der Werkstatt auf der Autobahn im Stau stand. Das Taxi kam vier Stunden später als sonst zu Hause an. Beim Aussteigen sagte Birte: „Amen, Amen, Gott ist da!“ Und schon hatte sie mir mit wenigen Worten eine Predigt gehalten!

„Jauchzet, frohlocket!“ Das passt auch deshalb gut zu Birte, weil sie gerne singt: mit ihrem großen Bruder Niklas die neuesten Hits aus den Charts, mit Oma christliche Lieder. Sonntags im Gottesdienst singt sie auch laut und kräftig mit und klatscht im Takt. Früher habe ich ihr das nicht immer erlaubt, weil ich fürchtete, es könnte andere stören. Heute lasse ich sie klatschen. Es ist eben ihre Art, Gott zu loben!

„Jauchzet, frohlocket!“ – das denke ich, wenn ich Birte in diesen Adventstagen ansehe. Ich bin dankbar, dass Gott sie uns geschenkt hat! Es ist nicht immer alles einfach und wir haben auch schon manche schwere Tage erlebt. Aber Birte hat unserem Leben Tiefgang gegeben – und eine ganz neue Sicht auf Gott und seine Gegenwart. „Jauchzet, frohlocket!“

15. Dezember

Im eigenen Schmerz an andere denken

„Weihnachten birgt den größten Schmerz der Menschheit: Da weißt du, ob du Familie hast oder nicht!“ Gaby Wentland von „Mission Freedom“ kennt unzählige Frauen, die durch Zwangsprostitution von ihren Familien und ihren Kindern getrennt wurden und diesen Schmerz durchlitten haben.

In einem Haus in Hamburg finden sie Zuflucht und werden darauf vorbereitet, ein neues Leben in Freiheit führen zu können. Advent und Weihnachten wird natürlich auch hier gefeiert: „Unsere Frauen lieben Weihnachtsdekoration. Wir haben auch immer viel Spaß beim Backen. 500 Muffins haben wir letztes Jahr hergestellt. Die haben wir an die Frauen in den Bordellen verteilt. Denn unsere Frauen wissen, dass es ihnen trotz der schmerzhaften Trennung von ihren Familien viel, viel besser geht als denen, die noch im Milieu arbeiten müssen.“

Prostituierte müssen zum Beispiel bei Eiseskälte draußen auf Kundschaft warten. Das tat den Frauen rund um Gaby Wentland so leid, dass eine wahre Strick-Manie ausbrach. Rund 200 Schals konnten an Frauen im Hamburger Stadtteil St. Georg verschenkt werden. Dabei kam es auch immer wieder zu Gesprächen rund um den Sinn von Weihnachten.

„Wir haben daraus ein kommerzielles Fest der Freude gemacht. Dabei war das damals gar nicht so schön, als Jesus geboren wurde. Er kam in einem dreckigen Stall auf die Welt, wo tausend Fliegen rumschwirrten. Dafür war der Sohn Gottes sich nicht zu fein! Maria musste sich in diesem Dreck zurechtfinden. Nicht zu vergessen: Das war ihr erstes Kind! Später war Jesus sogar ein Flüchtling. Damit können sich unsere Frauen zu hundert Prozent identifizieren!"

Gaby Wentland erlebt immer wieder, dass diese Erkenntnis das Leben der Frauen von Grund auf verändert. „Ich erinnere mich an einen Heiligabend, als ich zu einer ‚meiner' Frauen ins Zimmer kam. Dort war alles liebevoll und bunt geschmückt. Sie war sehr schön angezogen, hatte sich zurechtgemacht und Gerichte aus ihrer Heimat zubereitet. Sie sagte zu mir: ‚Ich will Abschied nehmen von meinem alten Leben. Ab morgen will ich eine neue Frau werden.' Sie hatte ihre ganze Verlorenheit und den Scherbenhaufen ihres Lebens erkannt. Das hat mich sehr berührt. Es war ein Abschluss und ein Neuanfang. Weil sie wusste, dass Jesus auf die Erde gekommen ist, kann Neues beginnen."

Gaby Wentland wird „ihren" Frauen, die die schlimmsten Dinge erleben mussten, weiterhin beistehen und Hoffnung verbreiten. Und gegen den „größten Schmerz der Menschheit" kämpfen.

16. Dezember

Geschenke? Geschenke!

„Haben Sie schon alle Weihnachtsgeschenke zusammen?“

Völlig überraschend kam diese Frage und hier hatte ich überhaupt nicht damit gerechnet! Ich packte die Dosen und das Obst vom Band in den Einkaufswagen, blickte auf und sah in das freundliche, erwartungsvolle Gesicht der Discounter-Kassiererin, die Nudeln und Reis wie automatisch über den Scanner zog. Ja, wirklich! Sie hatte mich gerade gefragt, ob ich schon alle Geschenke zusammen hatte! Und sie wartete auf Antwort!

„Ach, bei uns gibt's gar nicht so viel. Es geht ja nicht um die Geschenke an Weihnachten!“, sagte ich schnell. „Da haben Sie natürlich Recht! Das macht 23,67 Euro“, kam es fröhlich von der Kasse. Ich bezahlte, wünschte noch eine schöne Adventswoche, schnappte den Einkaufswagen und ging zu meinem Auto – kopfschüttelnd und lachend. So etwas war mir ja noch nie passiert! Rundherum tobte der adventliche Einkaufsstress und ich wurde von der Kassiererin nach dem Stand meiner Weihnachtgeschenk-Besorgungen gefragt.

Das Witzige war, dass ich mir tatsächlich noch keine großen Gedanken gemacht hatte, was ich wem schenken wollte! Dazu war ich einfach noch nicht gekommen. Wieder musste ich lachen: Ob das soeben ein kleiner Fingerzeig Gottes war, dass ich mal damit anfangen sollte? Gott hatte doch wirklich Humor!

Beim Einräumen des Einkaufs dachte ich an die Geschenke, die ich noch nicht gekauft hatte. Warum wurde nur immer so viel Aufhebens ums Schenken an Weihnachten gemacht? Vor lauter „Wem schenke ich was?“ geriet das größte Weihnachtsgeschenk aller Zeiten in den Hintergrund: Gott wurde Mensch! Damit uns Menschen endlich ein Licht aufgeht, wie sehr Gott uns liebt. Jesus ist das Geschenk! Das ist wirklich nicht zu toppen.

„Dann könnte ich mir die ganze Schenkerei gleich ganz sparen!“, schoss es mir durch den Kopf. Aber nein, das wäre auch schade. Ich liebte es doch, Geschenke zu verteilen, als kleine Zeichen der Wertschätzung: selbstgemachte Marmelade oder Plätzchen, kleine Christbaumkugeln, eine nette Karte. Für meinen Mann und unsere Kinder darf es dann auch ein bisschen mehr sein.

Ich hatte ja noch ein paar Tage Zeit zum Überlegen, womit ich ihnen eine Freude machen konnte! Wie gut, dass mich die nette Mitarbeiterin an der Discounter-Kasse daran erinnert hatte!

17. Dezember

8
ZAT

Blickkontakt

Liebe Zuggäste, wir halten außerplanmäßig in Wolfsburg, da ein paar Fahrgäste falsch eingestiegen sind!", hallte es aus den Lautsprechern des ICE.

Mein Sohn Niklas und ich waren auf dem Rückweg von Berlin, der Stadt meiner Kindheit. Ich ließ die drei Tage Revue passieren und plötzlich waren viele Erinnerungen in meinem Kopf: das Adventskranz-Gesteck in grünlicher Porzellan-Schale; Weihnachtslieder singen mit dem Kinderchor im Altenheim; der Geruch nach Kohleheizung, wenn der Winternebel dicht über der Stadt hing. „Erster Klasse müsste man fahren!", hörte ich Niklas neben mir sagen. Völlig aus den Gedanken gerissen, fragte ich: „Wieso?" „Na, dann hält der Zug auch außerplanmäßig an! Meinst du, die würden für uns anhalten?", kam es von ihm zurück.

Auf einmal wurde es unruhig. Mehrere Männer, Frauen und Kinder gingen durch den schmalen Gang unseres Großraumwagens. Das waren wohl die Fahrgäste, die falsch eingestiegen waren. „Von wegen 1. Klasse!", murmelte ich meinem Sohn zu. Es waren Flüchtlinge! Gerade schob sich ein Mann mit einem Kleinkind auf dem Arm an uns vorbei. Ich konnte ihm direkt ins Gesicht sehen: Unendlich traurige Augen blickten hoffnungslos vor sich hin. „Was dieser Mann schon alles erlebt haben muss?", ging es mir durch den Kopf. Als der ICE im Wolfsburger Bahnhof hielt, stiegen alle aus. Beim Weiterfahren sah ich den Mann noch einmal. Er stand neben einer Gruppe von Frauen, die sich auf den kalten Boden des Bahnsteigs gesetzt hatten. Kein Gepäck, dafür lagen einige vollgestopfte Tüten herum.

Die Not, das Leid der Menschen, die ihre Heimat verlassen mussten, weil dort Krieg herrscht, war auf einmal so nah gekommen. Ich konnte im warmen Zug weiterfahren. Sie blieben in der Kälte. Solche Gedanken passten so gar nicht zu meinen bevorzugten Adventsgefühlen: Gemütlichkeit, Harmonie und Geborgenheit. Am liebsten hätte ich das alles schnell verdrängt und vergessen, weil ich mich so hilflos fühlte. Ich konnte diesen Menschen auf dem Bahnsteig nicht helfen! Oder doch?

Mir fiel eine Gedichtzeile von Reinhold Schneider ein: „Allein den Betern kann es noch gelingen, das Schwert von ihren Häuptern aufzuhalten!" Wie es für die Menschen weitergehen würde, darauf hatte ich keinen Einfluss. Aber ich konnte sie Gott, dem Vater von Jesus Christus, ans Herz legen. Und das tat ich auch. Leise für mich, mitten im vollbesetzten ICE.

18. Dezember

Freude trotz Trauer

„Freuet euch in dem Herrn allewege, und abermals sage ich: Freuet euch! Eure Güte lasst kund sein allen Menschen! Der Herr ist nahe!" (Philipper 4,4f).

Diese Bibelverse hat Horst Afflerbach schon unzählige Male in der Adventszeit verlesen und darüber gepredigt. Erst als Gemeindepastor, dann als Dozent der Biblisch-Theologischen Akademie Wiedenest, später als deren Leiter. Seit mehr als 30 Jahren gibt er diese gute Nachricht aus Überzeugung weiter. Für ihn haben diese Worte in all den Jahren nichts an Dringlichkeit verloren: „Angesichts der Nachrichtenlage hat dieser Text einen hochaktuellen Bezug. Die Frage stellt sich: Worüber kann man sich, angesichts des Elends in der Welt, überhaupt noch freuen? Die Welt ist in Aufruhr! Kein Friede in Sicht! Die gute Botschaft ist, dass Gott für uns ist und Versöhnung schenkt durch das Kind in der Krippe."

An Weihnachten wird Horst Afflerbach diese Botschaft nicht selbst verkünden. Vorbei sind die Zeiten, in denen er einen wahren „Dienstmarathon" im Dezember hinter sich bringen musste und nach den Gottesdiensten zu Hause oft noch Besuch wartete. Sehr zum Ärger der Kinder, die früher viel lieber mal alleine mit Papa und Mama gefeiert hätten. Dienstfrei zu Weihnachten war früher undenkbar, heute genießt der Theologe die Zeit mit der Familie und vor allem mit den Enkeln. Durch sie erlebt er diese Wochen viel intensiver.

Horst Afflerbach mag im Advent die ruhigen Momente bei Kerzenschein, Musik und mutmachenden Worten aus der Bibel. „Freuet euch in dem Herrn allewege" darf dann natürlich nicht fehlen. Allerdings erinnert sich der 63-Jährige auch an einen Sonntag im Advent vor einigen Jahren, als ihm zunächst die Worte fehlten für die Predigt zu diesem Vers. Ein guter Freund war gerade an Krebs gestorben. Wie sollte er da über die „Freude im Herrn" predigen?

„Damals sind mir die letzten Worte des Verses 5 ganz wichtig geworden: Der Herr ist nahe! Das ist letztlich der Grund, warum wir uns freuen können. Weil Gott uns nicht alleine lässt in der Dunkelheit der Welt! Er verwandelt meine Traurigkeit in Freude. Diese Freude kann mir nichts und niemand nehmen!"

19. Dezember

Frust-Pfützen und Advents-Boote

Leider haben wir kein Haus am See, dafür aber einen See am Haus…" Mit diesem einfachen Satz und einem tristen Regenfoto meiner Facebook-Freundin Frauke begann eine Begegnung per Internet mit Tiefgang. Es war am 19. Dezember und von Schnee und Winterwetter war so kurz vor Weihnachten keine Spur. Regen trommelte an die Fensterscheiben. Ich wollte ihr ein bisschen aus dem „Wetter-Blues" heraushelfen und schrieb schnell einen Kommentar, ohne groß darüber nachzudenken: „Bau doch Papierschiffchen aus Weihnachtspapier und lass sie darauf fahren! Dann bist du garantiert nicht mehr frustriert!"

Sie fand die Idee gut. Interessanterweise brachten sie meine – gar nicht so tiefgängig gemeinten – Worte ins Nachdenken. Sie schrieb nämlich, dass ihr plötzlich die Menschen in armen Ländern wie Afghanistan eingefallen seien, die frieren und kein Dach über dem Kopf hätten. Sie dagegen habe es warm und trocken. „Nun bin ich nicht mehr frustriert, sondern dankbar!", fasste Frauke zusammen. Auch andere Freunde hatten mittlerweile ihre Kommentare zum Bild abgegeben. Zum Beispiel saß eine Facebook-Freundin erkältet und ebenfalls frustriert vor ihrem PC. Sie fand unsere Gedanken so erfrischend, dass sich auch bei ihr die dunklen Wolken verzogen hatten und sich Dankbarkeit breitmachte. Irgendwann postete Frauke ein neues Foto: Da schwammen zwei selbstgebastelte Schiffchen aus Weihnachtsgeschenkpapier auf der Pfütze. Eins in rot und eins in weiß. Während einer Regenpause hatte sie sie zu Wasser gelassen. „Passt doch wunderbar zur Adventszeit: ‚Es kommt ein Schiff geladen'", schreibe ich darunter. Sie bestätigt, dass sie beim Fotografieren auch an dieses alte Adventslied gedacht hatte. Viele „likes" bekam das Bild und weitere fröhliche, dankbare Aussagen.

Am Abend schaute ich mir den Verlauf dieser ungewöhnlichen Begegnung im Internet noch einmal an. Ich war gerührt: Frauke und ich kannten uns eigentlich nur flüchtig. Dass aus dem Posten einer „Frust-Pfütze" und meinem schnell dahingeschriebenen Kommentar so eine Welle der Dankbarkeit entstehen und sich Adventsfreude verbreiten würde, das hätte ich nicht erwartet!

20. Dezember

Heiße Maronen

Der Duft von gebrannten Mandeln, Bratwurst und Lebkuchen umspielte ihre Nase. Wie sie diese Gerüche liebte! Einmal im Advent ging sie ganz allein über den Weihnachtsmarkt. An einem Stand mit Kunsthandwerk aus dem Erzgebirge blieb sie stehen und bestaunte die Schwibbögen und Räuchermännchen. Um sie herum herrschte reges Treiben, wie immer um diese Zeit, wenn es gerade dunkel wurde und der Lichterglanz des Weihnachtsmarktes zur vollen Entfaltung kam. Jetzt hatte sie ein bisschen Hunger. „Maroni, Maroni, heiiiiiissssseee Maroni!", hörte sie jemanden rufen. „Ja, darauf habe ich jetzt Appetit!", dachte sie und ging um einen Schmuckstand herum. Von dort kam das Rufen.

Nun stand sie direkt vor dem Maronen-Mann: alt, gebeugt, in abgewetzten Klamotten, eine fleckige, grüne Schürze hatte er umgebunden. Vor ihm brutzelten die Maronen auf einer Art Ölfass und verströmten einen angenehmen Duft. Kurz überlegte sie, auf dem Absatz kehrt zu machen. Was sie hier sah, entsprach nicht ihren Ansprüchen. Aber da hatte der Alte sie schon entdeckt und fragte: „Maroni, Madame?" Dabei blitzten seine dunklen Augen so freundlich und gutmütig auf, dass ihr der Mut zum Weggehen fehlte. „Was kosten die denn?", fragte sie, um ihre Unsicherheit zu überspielen. In gebrochenem Deutsch sagte er: „Erst probieren – dann kaufen!“, und drückte ihr eine warme Marone in die Hand. Sie pulte die Schale ab und steckte die Esskastanie in den Mund. „Lecker!“, sagte sie genießerisch, „Ich nehme 200 Gramm!“ „Macht vier Eurrrroooo!“, sagte der Verkäufer, und wog die warmen Maronen ab. Sie gab ihm das Geld. Mit einem Lächeln, das Eisberge hätte schmelzen können, gab er ihr die Tüte und sagte:„Bittää schönnn und geseggnette Weihnachten!“ „Ja, danke, Ihnen auch!“, brachte sie heraus und ging hastig weg.

Ein Stück weiter nahm sie eine Marone, entfernte die knusprige Schale. Dabei kam ihr ein Gedanke: Die Marone war von außen angekohlt und unansehnlich – aber innen war der leckere Kern. Mit dem Maronen-Verkäufer war es ähnlich. Sie hatte erst nur auf das Äußere gesehen, das nicht ihren Vorstellungen entsprach. Dabei verbarg sich dahinter ein sehr freundliches Wesen mit einer besonderen Ausstrahlung. Wie lautete der Spruch, den sie aus der Bibel kannte: „Ein Mensch sieht, was vor Augen ist; der Herr aber sieht das Herz an“ (1. Samuel 16,7).

„Geseggnette Weihnachten“ – der Wunsch des Alten hallte in ihr nach. Sie war sich sicher, dass es ein Herzenswunsch gewesen war.

21. Dezember

Weihnachtstüten

Ich kann mir gar nicht mehr vorstellen, Heiligabend zu Hause zu verbringen!"

Peter Osterkamp ist seit mehr als 30 Jahren am 24. Dezember bis tief in die Nacht unterwegs, um „Überlebenstüten" zu verteilen. Der Tausch „trautes Heim" gegen „Tütenverteilen" am Heiligen Abend war für ihn nie ein Verzicht, sondern ein Privileg, auch wenn das bedeutete, dass seine eigene Familie diesen Abend ohne ihn verbringen musste. Gefeiert wurde dann am ersten Weihnachtstag. „Die Menschen, die wir besuchen, sind so unendlich dankbar, dass wir an so einem besonderen Abend zu ihnen kommen!"

Ein Team von zehn ehrenamtlichen Mitarbeitern geht zu Obdachlosen, Familien, die unter der Armutsgrenze leben, Flüchtlingen. Zuletzt waren es mehr als 140 Taschen, die verschenkt wurden. Gefüllt sind sie mit haltbaren Lebensmitteln, Süßigkeiten, selbstgestrickten Socken und Schals sowie Obst. Geld- und Sachspenden machen das Jahr für Jahr möglich.

Peter Osterkamp bereitet das Team behutsam auf seinen Einsatz vor. Denn er weiß, dass manches, was sie zu sehen bekommen, nichts für schwache Nerven ist: verängstigte Kinder; Wunden, die nicht ärztlich versorgt wurden; verwahrloste Menschen. „Gerade für sie ist Jesus doch auf die Welt gekommen! Weihnachten heißt: Es gibt Hoffnung! Auch im Leid. Wenn die Menschen nicht mehr zur Kirche kommen, dann muss die Kirche zu den Menschen gehen mit dieser Botschaft. Wir wollen ihnen Mut machen zum Weiterleben!“, fasst der 67-Jährige seine Motivation zusammen.

Bis tief in die Nacht sind die Tütenverteiler unterwegs. Auch wenn es ein Uhr wird, gibt es noch ein Abschlusstreffen. Hier kann das Erlebte bei Tee und etwas zu Essen aufgearbeitet werden. Manchmal fließen Tränen über das Elend in der direkten Nachbarschaft. Meist überwiegt die Dankbarkeit – im Blick auf das eigene Leben, aber auch darüber, dass man Weihnachtsfreude verschenken konnte.

„Das Volk, das im Finstern lebt, sieht ein großes Licht, und über denen, die im Finstern wohnen, scheint es hell! Das ist unser Leitvers aus Jesaja 9. Wir freuen uns jedes Jahr aufs Neue, dass wir mit unserer Weihnachtstüten-Aktion wenigstens einigen Menschen in unserer Region etwas von diesem Licht bringen können!“, betont Peter Osterkamp. Klar, dass er auch in diesem Jahr an Heiligabend wieder „im Auftrag des Herrn“ unterwegs ist!

22. Dezember

Inselflucht

Hab' ich auch nichts vergessen?", murmelte sie vor sich hin. Ihr Blick schweifte über das Bett, wo sich T-Shirts und kurze Hosen stapelten. Die Wettervorhersage, die gerade aus dem Radio dröhnte, passte gar nicht zu der Kleiderauswahl: „4 Grad, Regen – so bleibt es auch die nächsten Tage. Weiße Weihnachten, ade!"

Sie pfiff vor sich hin. Morgen um diese Zeit lag sie schon auf La Palma in der Sonne. Endlich raus aus diesem Schmuddelwetter und der ganzen weihnachtlichen Gefühlsduselei! Danach stand ihr in diesem Jahr nicht der Sinn: Ihre Ehe war in die Brüche gegangen und vor ein paar Wochen war ihre Mutter plötzlich gestorben. Sie fühlte sich verlassen und allein. Das „Fest der Liebe" – das konnte sie sich dieses Jahr wirklich schenken!

Ein paar Stunden später schaute sie aus dem Flugzeugfenster. Der strahlende Sonnenschein über den Wolken vertrieb die traurigen Gedanken. Sie freute sich auf die kommenden Tage.

Die Insel, das Meer, das Wetter – alles war perfekt. Nur dass die weihnachtlich geschmückte Pinie auf der Hotelterrasse sie immer wieder daran erinnerte, woran sie lieber nicht denken wollte: Morgen war Heiligabend. In ihrem Zimmer lag sogar eine Einladung zum Weihnachtsgottesdienst im Hotel. Erst hatte sie den Zettel achtlos zur Seite geworfen, dann nahm sie ihn doch noch einmal in die Hand und ein Lächeln umspielte ihre Lippen. „Warum eigentlich nicht?“, dachte sie. Ihr Entschluss stand fest.

Nach einem ausgiebigen Sonnenbad ging sie am 24. Dezember nachmittags zum Weihnachtsgottesdienst. In ihr war ein Gefühlschaos, eine Mischung aus Neugier, Wut, Trauer – und Trotz. Deshalb hatte sie sich nicht schick gemacht, sondern ihre ältesten Shorts und ein Schlabber-Shirt angezogen. Die anderen Hotelgäste schauten sie ein wenig irritiert an, als sie sich in diesem Outfit unter die Gottesdienstbesucher mischte. Der Pastor begrüßte die Hotelgemeinde: „Vermutlich sind Sie hier auf der Insel, weil Sie keine Lust auf Weihnachten haben. Und sicherlich haben Sie nicht damit gerechnet, dass hier ein Weihnachtsgottesdienst auf Deutsch angeboten wird. Ich freue mich, dass Sie trotzdem hier sind! Die Botschaft von Weihnachten ist zu Hause genau dieselbe wie hier auf La Palma: Gott wurde Mensch – aus Liebe zu Ihnen!“

„Aus Liebe zu Ihnen!“, hallte es in ihr nach. Auf der Flucht vor Weihnachten hatte sie auf La Palma den Sinn dieses Festes gefunden. Oder hatte Gott vielleicht hier auf sie gewartet?

23. Dezember

Hoch-Zeit in der Kirche

Tannenbaumschmücken! Für die meisten ein schönes Ritual kurz vor Heiligabend – für Petra König ist es Routine. „Ich schmücke drei bis vier Bäume jedes Jahr!“, sagt die Küsterin. Wenn ich sie in ihrer Christuskirche treffe, fühle ich mich durch ihre freundliche Art sofort willkommen. Auch in der Adventszeit, wo sie besonders viele Dienste hat. Petra König sieht das gelassen: „Ich habe früher in der Metzgerei meiner Eltern gearbeitet. Da waren die Wochen vor Weihnachten viel anstrengender, weil ich auch körperlich hart arbeiten musste!“

Hier in der Kirche ist sie für vieles zuständig. Zum Beispiel zündet sie die Kerzen am Adventskranz an, verteilt Gesangbücher, betreut die Mikrofon- und Heizungsanlage und beantwortet die Fragen der Kirchenbesucher, die sich nicht auskennen. Während der Gottesdienste und Veranstaltungen achtet sie auf einen reibungslosen Ablauf, deshalb ist sie gedanklich nicht immer bei den Predigten. Selten ist sie im Advent mal „nur Gast“, aber das genießt sie dann und die Freude über die Geburt von Jesus Christus springt auf sie über.

Mit „Anspannung“ beschreibt Petra König den Heiligabend. Drei Gottesdienste finden statt. Die Kirche ist immer voll. Ungern erinnert sie sich an den 24. Dezember, als Bettlerinnen vor dem Kirchenportal saßen. Sie hatte die Anweisung bekommen, die Polizei zu verständigen. Das war dann doch nicht mehr notwendig, weil die Frauen auf einmal fort waren. „Weihnachten ist doch das Fest der Liebe. Ich hatte ein schlechtes Gewissen diesen Frauen gegenüber. Das hat mich das ganze Fest über begleitet“, erinnert sich Petra König. Wie man sich „christlich“ in so einem Fall verhalten sollte, darauf hat sie bis heute keine befriedigende Antwort.

Wenn die Veranstaltungen in der Christuskirche vorbei und alle gegangen sind, macht Petra König noch einen Kontrollrundgang. Wenn sie so allein ist, empfindet sie eine ganz besondere Atmosphäre in dem Gotteshaus. Oft zieht es sie zum Abschluss der Runde nach vorne ins Kirchenschiff. „Ich stehe gerne vor dem Altar- Gemälde, das Jesus in Gethsemane zeigt und fange an, mit Jesus zu reden. Meistens leise für mich. Manchmal auch laut. Ich fühle mich dann ein bisschen wie Don Camillo. Das Gespräch mit Jesus tut mir gut. So tanke ich Kraft für den Alltag!“

Vielleicht kann sie deshalb so freundlich und hilfsbereit ihren Dienst im Hintergrund tun – und das nicht nur zur Weihnachtszeit.

24. Dezember

Geboren unterm Weihnachtsbaum

Ich bin sozusagen unterm Weihnachtsbaum auf die Welt gekommen!", sagt Monika Bylitza mit einem Lachen. Ihre Mutter hatte sich nun mal in den Kopf gesetzt, am Heiligabend 1962 zu Hause zu entbinden. Pech für die Hebamme, die sich durch dickes Schneetreiben kämpfen musste. „Ich habe alte Zeitungsausschnitte gesehen: Die Schneemassen waren unglaublich fürs Ruhrgebiet!" Dennoch kam die Geburtshelferin rechtzeitig und Baby Monika war fortan ein „Christkind".

Ihre Mutter hatte immer darauf geachtet, dass das Geburtstag-Feiern für ihre Tochter bei allem Weihnachten-Feiern nicht zu kurz kam. „Sie hat vormittags für mich einen Kindergeburtstag ausgerichtet. Abends war dann Geburtstagsfeier für Jesus." Auch später behielt sie erstmal das doppelte Feiern bei. Bis sie selbst Mutter wurde. „Es war für unsere zwei Töchter schwierig, auseinanderzuhalten, wer denn jetzt Geburtstag feierte: Mama oder Jesus? Ich wollte, dass sie, wie alle anderen, Weihnachten als Fest der Freude über die Geburt von Jesus erleben. Deshalb habe ich, als die beiden klein waren, auf meine Geburtstagsfeier verzichtet." Aber im Grunde war das kein großer Verzicht für sie: „Gott hat ja Humor! Ich bin nämlich ein absoluter ‚Feier-Muffel'. Er lässt mich am Heiligabend auf die Welt kommen! Da erwartet doch keiner, dass ich eine große Feier mache."

Nur bei runden Geburtstagen macht sie eine Ausnahme, aber dann wird nicht zwingend am Heiligen Abend gefeiert. Normalerweise lädt die Referentin, Beraterin und Autorin in den letzten Jahren die Familie immer erst am Geburtstagsabend ein. Dann hatte jeder die Möglichkeit, diesen Tag so zu gestalten, wie er oder sie es gerne wollte. „Der Weihnachtsbaum steht abends dann schon bei uns, aber es wird mein Geburtstag gefeiert."

„Geburtsdatum: 24.12." Viele Menschen empfinden es als etwas ganz Besonderes, mit Jesus, dem Heiland der Welt, zusammen Geburtstag zu feiern. Monika Bylitza sieht das anders: „Ich fand das nie so toll. Von morgens bis abends Geschenke auspacken, das war mir schon immer zu viel." Außerdem hat sie an diesem Tag Kopf und Herz gar nicht frei für den wahren Sinn des Festes. Das kommt für die engagierte Christin jedes Jahr mit Verspätung: „Für mich ist erst am ersten Feiertag richtig Weihnachten. Dann nehme ich meine Bibel in die Hand, lese die Weihnachtsgeschichte und freue mich über den Retter der Welt."

Über die Autorin

Sabine Langenbach, Jahrgang 1967, ist in Berlin aufgewachsen. Berlinern wird nachgesagt, dass sie „Herz und Schnauze" haben – genau das trifft auch auf sie zu!

Daran konnte ein Umzug als Teenager nach Dortmund nichts ändern. Hier absolvierte sie ihre Lehre als Einzelhandelskauffrau. Der Umgang mit Menschen machte ihr Spaß, aber sie spürte, dass da noch etwas anderes dran sein könnte.

1987 begann sie, beim Evangeliums-Rundfunk (heute ERF Medien) in der Telefonzentrale zu arbeiten. Damit erschloss sich für die damals 19-Jährige die Welt der Medien. Schnell wurde klar, dass hier ihre Talente lagen, und so begann sie nach einem Jahr am Telefon die Ausbildung zur Hörfunkredakteurin.

Mittlerweile ist Sabine Langenbach seit mehr als 25 Jahren nicht nur „radio-aktiv": auch als TV-Moderatorin, Autorin, Laienpredigerin und Referentin kann man sie erleben.

Offen, ehrlich und authentisch berichtet sie in ihren Vorträgen aus ihrem Leben, das durchaus nicht immer einfach war und ist. Seit 1992 ist sie mit Frank verheiratet. 1996 wurde nach längerer Wartezeit Sohn Niklas geboren. Als Überraschung folgte sechzehn Monate später Tochter Birte, die mehrfachbehindert und blind auf die Welt kam.

Das hat das Leben der Familie geprägt. Rückblickend sagt Sabine Langenbach: „Ohne unsere Birte würde ich heute keine Vorträge halten! Sie hat unserem Leben Tiefgang gegeben."

Und so macht sie ihren Zuhörern aus Überzeugung Mut.

Mehr Infos unter www.sabine-langenbach.de